Rudolf Steiner

Werde ein Mensch mit Initiative

Rudolf Steiner wurde am 27. Februar 1861 in Kraljevec auf der Murinsel in Kroatien, nahe der Grenze zu Ungarn, als Sohn eines Stationsvorstehers bei der österreichischen Südbahn geboren und starb am 30. März 1925 in Dornach in der Schweiz. Das Leben und Werk des Erbauers des avantgardistischen, in Beton gegossenen zweiten Goetheanum ist mit seinen rastlosen Reisen und über 6000 gehaltenen Vorträgen quer durch Europa ein einzigartiges Phänomen des 20. Jahrhunderts.

Er studierte Natur- und Ingenieurwissenschaften in Wien, promovierte in Philosophie an der Universität Rostock, gab die naturwissenschaftlichen Schriften Goethes in Weimar heraus, begründete die Anthroposophie in Berlin, die Waldorfpädagogik in Stuttgart, die biologisch-dynamische Landwirtschaft in Koberwitz bei Breslau, die anthroposophisch erweiterte Medizin und die Heilpädagogik. In München brachte er seine vier *Mysteriendramen* zur Uraufführung. Er inspirierte eine geistig geprägte organische Architektur, eine neue Bewegungskunst, die Eurythmie, und eine erneuerte Kunst des Wortes.

Seine philosophisch-anthroposophischen Hauptwerke sind: *Die Philosophie der Freiheit; Theosophie – Einführung in übersinnliche Welterkenntnis und Menschenbestimmung; Wie erlangt man Erkenntnisse der höheren Welten?* und *Die Geheimwissenschaft im Umriss.*

Sein Hauptantrieb war es, aus einer neuen Erkenntnis des Geistigen im Menschen wie im Kosmos die Freiheit und Initiativkraft aller Menschen zu fördern.

Rudolf Steiner

Werde ein Mensch mit Initiative

Herausgegeben und mit einer Einleitung
von Jean-Claude Lin

Verlag Freies Geistesleben

Rudolf Steiner Impulse
Werde ein Mensch mit Initiative
Grundlagen Ressourcen Perspektiven

1. Werde ein Mensch mit Initiative

Der am 4. August 1924 in Dornach vor Mitgliedern der Anthroposophischen Gesellschaft gehaltene Vortrag Rudolf Steiners ist dem Band *Esoterische Betrachtungen karmischer Zusammenhänge*, Gesamtausgabe Bibl.-Nr. 237, 6. Auflage Dornach 1975, entnommen. Der Abdruck erfolgt mit freundlicher Genehmigung des Rudolf Steiner Verlags, Dornach/Schweiz.

1. Auflage 2010

Verlag Freies Geistesleben
Landhausstraße 82, 70190 Stuttgart
Internet: www.geistesleben.com

ISBN 978-3-7725-2701-2

Grafische Gesamtkonzeption: Maria A. Kafitz
Satz und Herstellung: Patricia Hagel
Druck: Bercker, Kevelaer
Printed in Germany

Inhalt

«Das ist im Karma eines jeden Anthroposophen eigentlich geschrieben: Werde ein Mensch mit Initiative, und siehe nach, wenn du aus Hindernissen deines Körpers oder aus Hindernissen, die sich dir sonst entgegenstellen, den Mittelpunkt deines Wesens mit der Initiative nicht findest, wie im Grunde genommen Leiden und Freuden bei dir von diesem Finden oder Nichtfinden der persönlichen Initiative abhängen!»

Rudolf Steiner, Dornach, 4. August 1924

Werde ein Mensch mit Initiative

Eine Einleitung von Jean-Claude Lin

Jeder Initiative wohnt ein Geheimnis inne. Sie offenbart sich am Himmel der menschlichen Individualität wie der Regenbogen an einem regnerischen Tag. Aber sie ist ganz vom Menschen selbst abhängig. – Wie kommt ein Mensch dazu, etwas initiieren, etwas beginnen zu können, das sonst ohne ihn nicht in Erscheinung träte?

Am 4. August 1924, wenige Monate vor seinem Tode, spricht Rudolf Steiner vor Mitgliedern der Anthroposophischen Gesellschaft von einer Eigentümlichkeit, die jeder, der näher mit der Anthroposophie in Berührung kommt, bei sich ausmachen kann und die im folgenden Satz ausgesprochen wird:

«Bin ich nun einmal durch mein Karma Anthroposoph geworden, so verlangt dasjenige, was mich hat treiben können zur Anthroposophie, dass ich achtgebe, wie in meiner Seele – irgendwie mehr oder weniger tief – die Notwendigkeit erscheint, im

Leben Seeleninitiative zu finden, aus dem Innersten des eigenen Wesens heraus etwas beginnen zu können, etwas beurteilen zu können, etwas entscheiden zu können.»

Fast hundert Jahre, nachdem diese Worte ausgesprochen wurden, können wir erleben, dass viele Menschen eine solche Notwendigkeit empfinden, die zunächst noch keine bewusste oder eingehende Beziehung zur anthroposophisch orientierten Geisteswissenschaft Rudolf Steiners haben. Es macht sich im Lebenslauf zunehmend vieler Menschen ein Gefühl der Richtungslosigkeit breit, das wir mit der empfundenen Notwendigkeit in Verbindung bringen können, «im Leben Seeleninitiative zu finden», die ureigenen Antriebe entdecken zu wollen.

Vielfach wird aber das Leben mit allen seinen scheinbar zufälligen oder notwendigen Gegebenheiten und Zwängen erlebt: in der Arbeit, in unseren Beziehungen zu anderen Menschen, in den herrschenden Verhältnissen der Welt und, zuweilen besonders schmerzvoll, in unseren eigenen Begrenzungen – im Erleben unserer eigenen mangelnden

Fähigkeiten und Möglichkeiten. Wo finden wir in einer Welt durchgehender Kausalität und sinnfreier – um nicht zu sagen sinnloser – Zufälligkeit, die uns die herrschende naturwissenschaftliche Weltanschauung der neueren Zeit so machtvoll darlegt, den Quellpunkt in sich begründeter und dauerhafter Sinnhaftigkeit?

Aller Sinn, den der Mensch in der Welt entdecken will – und er kann dies wohl, wenn er sich vorurteilslos und energisch genug selbst betrachtet –, kann dem eigenen schöpferischen Erkenntnisbemühen entspringen. Die Welterscheinungen, die wir wahrnehmend als fremd, vorgegeben und zusammenhanglos vorfinden, werden im Erkennen durch den Menschen zu beziehungsreichen, auf die Zukunft hin orientierten und sinnbegabten Wirklichkeiten.

Rudolf Steiner hat früh den Menschen als Quellpunkt aller Sinn- und Wirklichkeitsstiftung in der Welt erkannt und durch diese Erkenntnis das Tor zum Geistigen und Schöpferischen im Kosmos gefunden. Seine Grundeinsichten legte er in seinen philosophischen Werken dar: *Grund-*

linien einer Erkenntnistheorie der Goetheschen Weltanschauung und *Wahrheit und Wissenschaft*. Den freien, schöpferischen Menschen entdeckte er zunächst im erkennenden und schilderte in seiner *Philosophie der Freiheit*, wie der Mensch sich als freies Wesen entfalten könne. Seine später entwikkelte Anthroposophie erweitert seine ursprünglich philosophisch gewonnenen Einsichten über den Menschen ins Kosmische und Pragmatische: ins praktische Tun.

Für jeden einzelnen Menschen stellt sich der Weg zum schöpferischen Quellpunkt der eigenen Individualität und zur Verwirklichung der eigenen Möglichkeiten als freies Wesen im Konkreten unterschiedlich dar. Die Philosophie geht auf das begrifflich erscheinende Allgemeine zu, die Anthroposophie dagegen dringt zum geistig wesenhaften Individuellen vor. Daher finden sich so viele verschiedene Schilderungen Rudolf Steiners, wie ein Mensch zur konkreten Erfahrung der geistigen Welt und seiner eigenen schöpferischen Individualität gelangen kann.

Hieraus entspringt auch schließlich bei dem

einen oder anderen, sich der Anthroposophie zuwendenden Menschen, die Empfindung einer Notwendigkeit, «im Leben *Seeleninitiative* zu finden, aus dem Innersten des eigenen Wesens heraus etwas *beginnen* zu können, etwas *beurteilen* zu können, etwas *entscheiden* zu können.»

Es ist etwas, womit jeder Mensch gleich beginnen kann, in welcher Situation er sich im Leben auch befindet – und zwar jeder auf seine eigene Art. Ich kann – eine grundlegende Anregung Rudolf Steiners für die geistige Entwicklung aufgreifend – mich darin üben, das *Wesentliche, Unvergängliche* und *Bedeutungsvolle* von dem Unwesentlichen, Vergänglichen und Zufällig-Sinnlosen zu unterscheiden. Ich *beginne,* das Wesentliche vom Unwesentlichen zu *unterscheiden.* Das ist eine *beurteilende* Tätigkeit, die *frei* ergriffen werden kann. Niemand verlangt es von mir. Ich kann dazu von nichts in der Welt gezwungen werden. Oft wird einen dabei ein Gefühl der Hilflosigkeit überkommen. Es wird Tage geben, an denen man leicht den Eindruck haben kann, gar nichts «bedeutungsvolles» erlebt zu haben. Man hat vieles getan oder erledigt, was notwendig war, was von einem erwartet oder verlangt wurde. Aber ein Gefühl von «Wesentlichem» oder «Bedeutungsvollem» stellt sich in der beurteilenden inneren Wahrnehmung nicht ein. Und manchmal wird man überrascht, was einem dabei als «wesentlich» erscheint – wie an einem Sonntag, an dem man sich besonders viel zur Nacharbeit mit nach Hause genommen hat, der Sohn plötzlich vor einem steht und fragt: «Papa, können wir nicht eine Fahrradtour durch den Park machen?», und man alle Vorhaben beiseite schiebt, um an diesem Tag dem Wunsch des Sohnes zu entsprechen.

So kann man sich auf einen Weg eigener innerer seelischer Initiative begeben. Ob die einzelnen Beurteilungen darüber, was wesentlich, bedeutungsvoll oder dauerhaft für diesen einen Tag ist, dem Zahn der Zeit und späteren Beurteilungen stand halten werden, ist zunächst unerheblich. Entscheidend ist, in dieser Weise innere Energie zu entfalten in der denkenden Durchdringung des eigenen Lebens. Es eröffnet sich ein Weg der inneren, geistigen Entwicklung, und wir werden die Erfahrung machen, dass uns eine objektive geistige Welt entgegenkommt, die uns inspiriert zu neuen schöpferischen Einfällen.

Eine wesentliche Vertiefung kann die Kraft zur Initiative durch die meditierende Tätigkeit erhalten. Als in der Silvesternacht 1922/23 die über zehn Jahre währende Aufopferungsarbeit am Bau des ersten Goetheanum durch Brandstiftung zunichte gemacht wurde und in den folgenden Monaten die Anthroposophische Gesellschaft Rudolf Steiner ebenfalls wie in Schutt und Asche liegend vorkam, suchten einige seiner engeren Mitarbeiterinnen und Mitarbeiter immer wieder zusätzliche Hilfe bei ihm für die eigene spirituelle Arbeit. In einer, wie er früher schon einmal betonte, nicht von ihm selbst einberufenen Zusammenkunft vom 23. Oktober 1923 hat er auf einen Meditationsinhalt hingewiesen, der in ganz intimer Weise und sehr tiefgehend mit dem Wesen der Initiative oder eines Impulses zu tun hat. Wie oft erleben wir, dass ein Gedanke, eine Idee nicht die notwendige Kraft gewinnt, um Initiative und schließlich Wirklichkeit zu werden! Die von Rudolf Steiner in kleinerer Zusammenkunft entwickelte Meditation hat folgenden Wortlaut:

Fange den Falter
Sende ihn in eisige Höhen
Wo die Weltenträume walten.
Wird er dir zum Vogel
Dann hast du der Arbeit
Hälfte vollbracht.
Den Vogel tauche
In Meerestiefen
Wo der Weltenwille wirket.
Ertrinkt der Vogel,
Dann bleibt dir noch zu tun,
Die Vogelleiche
Im Feuer läuternd zu verbrennen.
Dann verzehr' die Asche
Und du bist
Das Licht im Weltendunkel. –

Aus den Erläuterungen und Unterweisungen Rudolf Steiners dazu hat Maria Röschl-Lehrs gleich nach der Zusammenkunft aus der Erinnerung heraus niedergeschrieben: «Die Imagination dieser Falter-Meditation hat eine ätherische Wirkung. Nur einfache Deutung. Suchen in der Erinnerung mit den dreieinhalb Jahren im Anschluss an die Falter-Meditation. Mit deren ätherischer Wirkung ist verbunden, dass sie bewirkt eine Beschäftigung mit dem eigenen Wollen, und in der rückschauenden Prüfung des eigenen Wollens kann man einen Punkt in seinem Leben finden, wo dieses Wollen einen ganz bestimmten Impuls gehabt hat zu bestimmten Aufgaben. Es ist häufig zu finden, dass bei dem Suchen nach solchen Wollensmomenten, deren Nichtausführung Unbefriedigung erzeugt haben, man zu einem Punkt kommt, der etwa dreieinhalb Jahre zurückliegt. ... Ist dieser Punkt gefunden, dann handelt es sich darum, den Inhalt dieser Sehnsucht zu pflegen, nicht etwa, dass man nun jene Tat auszuführen sucht, nur den Inhalt möglichst pflegen, in der höchsten Weise. Dann wird die Realisierungsmöglichkeit, von dem Zeitpunkt des Bewusstwerdens angerechnet, nach dreieinhalb Jahren nochmals gegeben werden. Und dann wird es sich darum handeln, eine *selbstlose* Tat zu vollbringen, die nichts zu tun hat mit dem Ausgangspunkt vor sieben Jahren. Das kann eine ganz unscheinbare Tat nach außen sein.»[1]

Auf der Rückseite des Blattes, auf dem Rudolf Steiner diesen Falter-Meditationsspruch für seine Mitarbeiterin Edith Maryon niederschrieb, notierte Edith Maryon, dass es sich bei dem Zeitraum von dreieinhalb Jahren auch um dreieinhalb Monate, Wochen oder Tage handeln kann – wohl abhängig von der Bedeutung des jeweiligen Gedankens.

Zur Vorbereitung der die Meditation selbst fördernden Stimmung notierte Rudolf Steiner für Edith Maryon die Vokalfolge: I A O U E und fügte deren innere Bedeutung hinzu:

I *noch in sich*
A *man öffnet sich der Welt, die sagt viel*
O *die Engel*[2] *kommen, geben die Hände*
U *die zweite Hierarchie kommt nach,*
umströmt einen mit Licht
E *die erste Hierarchie kommt und*
verbrennt einen im Feuer. –

Es ist natürlich nicht zwingend, dass zur Entwicklung der eigenen Initiativkraft eine solche Meditation gepflegt wird. Sie ist hier als Anregung wiedergegeben, sich in besonders intensiver Weise dem Geheimnis einer zur Initiative werdenden Idee zu nähern.

In den zwölf Bänden dieser kleinen Reihe *Impulse: Werde ein Mensch mit Initiative* sind weitere Anregungen Rudolf Steiners enthalten. Mögen Sie uns inspirieren, Wege zum Schöpferischen zu finden.

*

An dieser Stelle sei den Mitautorinnen und -autoren für ihre Einleitungen von Herzen gedankt. Umsichtig und mit Enthusiasmus haben sie sich der Aufgabe gestellt, zum Teil auch weniger bekannte Ausführungen Rudolf Steiners in die Gegenwart zu holen und für die Zukunft lebendig zu halten. Sie zeigen, wie verschieden die Impulse Rudolf Steiners heute weiter leben und anregen können.

Werde ein Mensch mit Initiative

Ein Vortrag von Rudolf Steiner
Dornach, 4. August 1924

Was als Empfindung hervorgerufen werden sollte, das ist, dass der einzelne innerhalb der anthroposophischen Bewegung Befindliche etwas verspürt von der eigentümlichen karmischen Stellung, welche gerade der Drang zur anthroposophischen Sache dem Menschen gibt. Wir müssen uns ja gestehen, dass im gewöhnlichen Lebenszusammenhange der Mensch wenig von seinem Karma verspürt und dass er sich dem Leben so gegenübersteht, als wenn eben aus zufälligen Verkettungen heraus die Dinge geschehen würden, die zu Erlebnissen für ihn werden. Dass in dem, was uns im Erdenleben begegnet von der Geburt bis zum Tode, eben der schicksalsgemäß-karmische Zusammenhang ist, das wird wenig beachtet. Und wenn es beachtet wird, dann glaubt man alsogleich, es drücke sich darinnen irgendetwas Fatalistisches aus, es drücke sich etwas aus, was die menschliche Freiheit infrage stelle und dergleichen.

Ich habe öfter davon gesprochen, dass gerade das intensive Durchschauen der karmischen Zusammenhänge das Wesen der Freiheit erst ins rechte Licht stellt. Und so brauchen wir auch nicht, wenn wir genauer die karmischen Zusammenhänge ins Auge fassen, zu fürchten, dass uns dadurch ein unbefangener Einblick in das Freiheitswesen des Menschen verloren gehen könne. Ich habe Ihnen die Dinge geschildert, welche sowohl mit früheren Erdenleben derjenigen, die in die Michael-Gemeinschaft[3] hereinkommen, zusammenhängen wie auch mit dem Leben zwischen dem Tod und einer neuen Geburt. Sie sehen daraus, dass es bei solchen Menschen, also im Grunde genommen bei Ihnen allen, karmisch darauf ankommt, dass das Geistige eine große, eine bedeutungsvolle Rolle spielt in dem ganzen inneren Gefüge der Seele.

In unserer heutigen materialistischen Zeit kann ja eigentlich aus allen Erziehungs- und Lebensverhältnissen heraus ein Mensch zu so etwas wie zur Anthroposophie ehrlich nur dadurch kommen – sonst ist eben sein Kommen unehrlich –, dass er einen karmischen Impuls in sich hat, der ihn zum

Geistigen treibt. Dieser karmische Impuls ist die Zusammenfassung alles dessen, was in der Weise durchgemacht worden ist vor dem Herabstieg in dieses Erdenleben, wie ich es geschildert habe.

Das aber, dass der Mensch so stark verbunden ist mit geistigen Impulsen, die direkt auf seine Seele wirken, das bringt ihn dazu, in einer weniger intensiven Art, als dies bei anderen Menschen der Fall ist, beim Herabsteigen aus den geistigen in die physischen Welten sich hineinzufügen in die äußere Körperlichkeit. Man möchte sagen: Allen denen, die in der geschilderten Weise in die Michael-Strömung sich hineinlebten, war es vorgesetzt, mit einer gewissen Reserve in den physischen Leib hineinzugehen. Und das liegt durchaus auf dem Grunde des Karma der Anthroposophenseelen.

Bei denjenigen, die heute aus einem inneren Drange sich ganz bewusst und ängstlich fernhalten von dem Anthroposophischen, bei denen findet man überall ein volles Festsitzen in der physischen Körperlichkeit. Bei denen, die sich heute zu jenem geistigen Leben hinwenden, das die Anthroposophie geben will, findet man ein loseres Verhältnis wenigstens des Astralleibes und der Ich-Organisation gegenüber der physischen und der Ätherorganisation.

Das aber bedingt, dass der Mensch dann weniger leicht mit dem Leben fertig wird, einfach deshalb, weil er zwischen mehr Möglichkeiten zu wählen hat als andere, weil er leicht herauswächst aus dem, in das andere hineinwachsen. Bedenken Sie nur, wie stark mancher Mensch heute dasjenige ist, was er durch die äußeren Lebenszusammenhänge geworden ist, und es ist so, dass eigentlich, man möchte sagen, trotzdem es manchmal in einer merkwürdigen Weise der Fall ist, gar kein Zweifel aufkommen kann, dass er hineinpasst in die Zusammenhänge. Man sieht einen Beamten, einen Kommerzienrat, einen Bauführer, einen Fabrikanten und so weiter: Sie sind das, was sie sind, mit absoluter Selbstverständlichkeit. Gewiss, auch unter ihnen kommt es vor, dass sie sagen: Es scheint, als ob ich zu was Besserem geboren wäre oder wenigstens zu etwas anderem –; aber es ist dann nicht so ernst gemeint. Vergleichen Sie damit die unendlichen Schwierigkeiten, die da vorliegen bei denjenigen, die durch ihren inneren Drang in die Spiritualität der Anthroposophie hereingetrieben werden. Vielleicht bei nichts anderem zeigt sich das so eklatant, so merkwürdig intensiv wie gerade bei der Jugend, und zwar bei der jüngsten Jugend.

Sehen Sie, wenn man namentlich die älteren Waldorfschüler nimmt, diejenigen, die in den höheren Klassen der Waldorfschule sind, so findet man sowohl bei männlichen wie bei weiblichen Schülern, dass sie in ihrem geistig-seelischen Entwickelungswege verhältnismäßig rasch fortschreiten, dass es aber dadurch selbst schon diesen jungen Leuten nicht leichter, sondern vielfach schwerer, weil komplizierter, wird, das Leben innerlich zu ergreifen. Die Möglichkeiten werden weitere, die Möglichkeiten werden größere. Und während es sonst im gewöhnlichen Gange des heutigen Lebens keine allzu große Aufgabe ist – gewisse Ausnahmen abgerechnet – für diejenigen, die als Erzieher, als Lehrer der aufwachsenden Jugend zur Seite stehen, Mittel und Wege zu finden, um in richtiger Weise zu raten, wird das

Raten gerade dann schwerer, wenn man so wie in der Waldorfschule die Kinder vorwärtsbringt, weil das Allgemein-Menschliche mehr hervortritt, weil die Weite des Gesichtskreises, die angeeignet wird, eben eine größere Summe von Möglichkeiten vor das Seelenauge stellt.

Daher ist es ja für Waldorflehrer, nachdem sie durch ihr Karma zu diesem Berufe geführt wurden, so notwendig, ihrerseits Weite des Gesichtskreises, Welterkenntnis, Weltempfinden, Weite des Blickes sich anzueignen. Alle pädagogischen Maßregeln in den Details sind ja viel weniger wichtig an dieser Stelle als eben die Weite des Blickes. Und man kann schon sagen: An so etwas wie dem Karma eines solchen Lehrers zeigt es sich auch wiederum, wie die Summe der Möglichkeiten eine große wird, eine viel größere wird als sonst. Solch ein junger Mensch oder ein Kind gibt nicht bestimmte, sondern mannigfaltige, nach allen Seiten hin differenzierte Rätsel dem Lehrer auf. Für alles das, was da eigentlich vorliegt an karmischen Vorbedingungen, die zur Anthroposophie hindrängen, kann man am besten ein Verständnis hervorrufen, wenn man nicht pedantisch konturiert spricht, sondern wenn man solche Dinge mehr andeutet und mehr die Atmosphäre charakterisiert, in der Anthroposophen sich ausleben und sich entwickeln.

Das alles aber macht notwendig, dass der Anthroposoph eine Vorbedingung beachtet, eine besonders bei ihm stark entwickelte Vorbedingung seines Karma. Man kann das Verschiedenste angeben, und wir werden noch Mannigfaltiges angeben über die Gründe, warum der eine oder der andere Charakter, das eine oder das andere Temperament aus denjenigen Ereignissen der geistigen Welt heraus, die ich angeführt habe, zur Anthroposophie getrieben wird; aber alle diese Triebe, die da die einzelnen Anthroposophen zur Anthroposophie treiben, haben etwas wie ein Gegenbild, das stärker gemalt ist vom Weltengeiste, als es bei anderen Menschen der Fall ist.

Es erfordert alles das, was da als viele Möglichkeiten in Bezug auf die mannigfaltigsten Lebensdinge da ist, von den Anthroposophen Initiative, innere Initiative des seelischen Lebens. Und bekannt machen muss man sich damit, dass für den Anthroposophen etwa der folgende Satz gilt, dass der Anthroposoph sich sagen muss: Bin ich nun einmal durch mein Karma Anthroposoph geworden, so verlangt dasjenige, was mich hat treiben können zur Anthroposophie, dass ich achtgebe, wie in meiner Seele – irgendwie mehr oder weniger tief – die Notwendigkeit erscheint, im Leben Seeleninitiative zu finden, aus dem Innersten des eigenen Wesens heraus etwas beginnen zu können, etwas beurteilen zu können, etwas entscheiden zu können.

Das ist im Karma eines jeden Anthroposophen eigentlich geschrieben: Werde ein Mensch mit Initiative und siehe nach, wenn du aus Hindernissen deines Körpers oder aus Hindernissen, die sich dir sonst entgegenstellen, den Mittelpunkt deines Wesens mit der Initiative nicht findest, wie im Grunde genommen Leiden und Freuden bei dir von diesem Finden oder Nichtfinden der persönlichen Initiative abhängen! – Das ist etwas, was wie mit goldenen Buchstaben immer vor der Seele des Anthroposophen stehen sollte, dass er Initiative in seinem Karma liegend hat und dass vieles von dem, was ihm im Leben begegnet, davon abhängt, inwieferne er sich dieser Initiative willentlich bewusst werden kann.

Bedenken Sie, dass damit eigentlich außerordentlich viel gesagt ist; denn zugleich ist ja in der Gegenwart außerordentlich viel Beirrendes in Bezug auf alles das, was das Urteilen lenken und leiten kann. Und ohne ein klares Urteilen über die Verhältnisse des Lebens windet sich die Initiative nicht aus den Untergründen der Seele heraus. Aber was bringt uns denn zu einem klaren Urteilen über das Leben, gerade in der Gegenwart?

Nun, meine lieben Freunde, wollen wir einmal einen der wichtigsten Charakterzüge unserer Zeit ins Auge fassen und wollen wir uns einmal die Frage beantworten, wie wir gegenüber einem der wichtigsten Charakterzüge unseres gegenwärtigen Lebens zu einer gewissen Klarheit kommen können. Sie werden sehen: Bei dem, was ich jetzt sagen werde, handelt es sich um so etwas wie das Ei des Kolumbus. Aber beim Ei des Kolumbus handelt es sich darum, dass einem einfällt, wie man es aufstellt, damit es stehen bleibt, und auch bei dem, was ich jetzt besprechen werde, wird es sich darum handeln, dass einem die Sache einfällt.

Wir leben in der Zeit des Materialismus. Dasjenige, was schicksalsmäßig sich um uns, in uns abspielt, steht ja alles im Zeichen dieses Materialismus auf der einen Seite und des zunächst überallhin verstreuten Intellektualismus auf der anderen Seite. Ich habe diesen Intellektualismus gestern charakterisiert an dem Journalismus und an dem Drang, überall in Volksversammlungen die Angelegenheiten der Welt zu entwickeln. Man muss sich bewusst werden, wie stark heute unter dem Einflusse dieser beiden Zeitenströmungen der Mensch steht. Denn es ist fast so unmöglich, sich diesen Zeitströmungen des Intellektualismus und des Materialismus zu entziehen, wie es unmöglich ist, ohne Regenschirm, wenn es regnet, nicht nass zu werden. Es ist eben überall um uns herum da.

Denken Sie doch nur einmal: Wir können doch einfach gewisse Dinge nicht wissen, die wir wissen sollen, wenn wir sie nicht in der Zeitung lesen; wir können gewisse Dinge nicht lernen, die wir lernen sollen, wenn wir sie nicht im Sinne des Materialismus lernen. Wie soll heute einer Arzt werden, wenn er nicht den Materialismus dabei «verzehren» will! Er kann ja nicht anders, als den Materialismus mitnehmen; er muss es selbstverständlich tun. Und wenn er eben nicht den Materialismus mitnehmen will, so kann er im Sinne der heutigen Zeit nicht ein wirklicher Arzt werden. Also wir sind ja dem fortwährend ausgesetzt. Das aber spielt doch in das Karma ungewöhnlich stark herein.

Aber das alles ist ja wie dazu geschaffen, Initiative in den Seelen zu untergraben! Jede Volksversammlung, in die man geht, sie hat ja als Volksversammlung nur einen Zweck, die Initiative der einzelnen Menschen, mit Ausnahme derjenigen, die da reden und Führer sind, zu untergraben. Jede Zeitung kann ihre Aufgabe nur erfüllen, wenn sie «Stimmung» macht, wenn sie also die Initiative des Einzelnen untergräbt.

Auf diese Dinge muss hingesehen werden, und man muss sich bewusst werden, dass ja im Grunde das, was der Mensch als sein gewöhnliches Bewusstsein hat, ein sehr kleines Kämmerchen ist. Alles, was in der Weise, wie ich es eben geschildert habe, um den Menschen herum vorgeht, hat auf das Unterbewusste einen riesigen Einfluss. Und schließlich, es bleibt uns nichts anderes übrig als, wenn ich mich so ausdrücken darf, außer dem, dass wir Menschen sind, auch Zeitgenossen zu sein. Manche glauben, man könnte «nur Mensch» sein in irgendeinem Zeitalter, aber das führt auch ins Verderben, man muss schon auch Zeitgenosse sein. Es ist ja natürlich übel, wenn man nichts anderes ist als Zeitgenosse, aber man muss schon auch Zeitgenosse sein, das heißt, man muss eine Empfindung haben für dasjenige, was in der Zeit geschieht.

Nun werden allerdings gerade manche Anthroposophengemüter herausgerissen aus einer lebendigen Empfindung für das, was in der Zeit ist, indem sie gerne im Zeitlosen plätschern wollen. In dieser Beziehung kann man ja die sonderbarsten Erlebnisse haben in Gesprächen mit Anthroposophen. Sie wissen zum Beispiel ganz gut, wer Lykurg war, aber sie können zuweilen von einer Unbekanntschaft mit den Zeitgenossen erscheinen, die einfach rührend ist.

Das kommt eben davon, dass – weil die Anlage

zur Initiative da ist – der Mensch, der eben so veranlagt ist und so durch sein Karma in die Welt hineingestellt ist, eigentlich immer – verzeihen Sie den Vergleich – wie eine Biene ist, die einen Stachel hat, aber die sich fürchtet zu stechen in dem entsprechenden Moment. Die Initiative ist der Stachel; aber man fürchtet sich zu stechen. Man fürchtet sich namentlich, in das Ahrimanische hineinzustechen. Man fürchtet nicht, dass das Ahrimanische dadurch irgendwie beschädigt wird, aber man fürchtet, dass der Stachel stößt und zurückgeht und einem dann selber in den Leib dringt. So ungefähr ist die Furcht geartet. Und so bleibt die Initiative aus einer allgemeinen Lebensfurcht zurück. Diese Dinge muss man nur durchschauen.

Indem wir so überall theoretisch und praktisch auf den Materialismus aufstoßen und der Materialismus mächtig ist, werden wir beirrt in unserer Initiative. Und hat ein Anthroposoph Sinn dafür, so wird er überall bis in die intensivsten Impulse seines Willens hinein durch den theoretischen und praktischen Materialismus beirrt, zurückgestoßen.

Das aber gestaltet in einer eigentümlichen Weise das Karma. Und wenn Sie recht sich selbst beobachten, so erfahren Sie etwas darüber in Ihrem Leben vom Morgen bis zum Abend. Und daraus muss dann das allgemeine Gefühl entstehen: Wie beweise ich theoretisch und praktisch dem Materialismus seine Falschheit? – Und das ist ja der Drang, der nun in sehr vielen Anthroposophengemütern ist, irgendwie dem Materialismus die Falschheit zu beweisen. Das ist das Lebensrätsel, das vielen von uns theoretisch und praktisch aufgegeben ist: Wie kommt man damit zurecht, dem Materialismus die Falschheit zu beweisen?

Der eine, der eine Schule durchgemacht hat, ein Gelehrter geworden ist – exempla sind in der Anthroposophischen Gesellschaft durchaus da –, fühlt, wenn er dann anthroposophisch aufgewacht ist, ungeheuer den Drang, den Materialismus zu widerlegen, den Materialismus zu bekämpfen, alles Mögliche gegen den Materialismus zu sagen. Nun fängt er an, den Materialismus zu bekämpfen, zu widerlegen, glaubt vielleicht gerade dadurch, so recht in der michaelischen Strömung drinnen zu sein. Ja, meistens gelingt das schlecht, und man kann schon sagen: Diejenigen Dinge, die gesagt werden gegen den Materialismus, sie werden ja sehr häufig aus sehr gutem Willen heraus gesagt, aber sie gelingen eigentlich nicht; sie machen keinen Eindruck auf diejenigen, die eben Materialisten in theoretischer oder praktischer Beziehung sind. Warum das? Das ist gerade dasjenige, was Klarheit des Urteils verhindert.

Da steht nun der Anthroposoph und will, um nicht stecken zu bleiben mit seiner Initiative, Klarheit haben über das, was ihm an den Materialisten entgegentritt. Er will die Unrichtigkeit des Materialismus in allen Hintergründen finden, und er findet in der Regel nicht viel. Er glaubt, den Materialismus zu widerlegen – aber der steht immer wieder auf. Woher kommt das?

Jetzt kommt eben das, was, ich möchte sagen, das Ei des Kolumbus ist. Woher kommt das, meine lieben Freunde?

Sehen Sie, es kommt daher, dass der Materialismus eben wahr ist – was ich schon öfter gesagt habe –, dass der Materialismus nicht unrecht hat, sondern recht hat! Davon kommt es. Und der Anthroposoph sollte auf eine besondere Art lernen, dass der Materialismus recht hat. Er sollte es nämlich auf die Weise lernen: dass der Materialismus recht hat, aber nur für die physische Leiblichkeit gilt. Die anderen Menschen, die Materialisten sind, die kennen nur die physische Leiblichkeit oder glauben sie wenigstens zu kennen. Das ist der Irrtum, nicht im Materialismus liegt der Irrtum. Wenn man auf materialistische Art Anatomie, Physiologie oder das praktische Leben kennenlernt, so lernt man die Wahrheit kennen, aber sie gilt nur für das Physische. Und dieses Geständnis muss ganz aus dem Innersten des Menschenwesens heraus gemacht werden: dass der Materialismus recht hat auf seinem Gebiete und dass es gerade das Glänzende der neueren Zeit ist, das Richtige auf dem Gebiete des Materialismus gefunden zu haben. Aber die Sache hat eben ihre praktische Seite, ihre praktisch-karmische Seite.

Nun kann für den Anthroposophen in seinem Karma das eintreffen, dass er zu der Empfindung kommt: Da lebe ich mit solchen Menschen, mit denen mich sogar das Karma zusammengebracht hat – ich habe gestern davon gesprochen –, da lebe ich mit Menschen zusammen, die nur den Materialismus kennen, die nur das Richtige über das physische Leben wissen; sie kommen nicht an die Anthroposophie heran, weil sie gerade durch die Richtigkeit dessen, was sie wissen, beirrt werden.

Nun leben wir heute, in der Michaelzeit, mit der Seele in der dem Michael entfallenen Intellektualität. Als Michael selber die kosmische Intelligenz verwaltete, da waren die Sachen anders. Da riss die kosmische Intelligenz aus dem, was als Materialismus da war, die Seele immer wieder los. Es hat natürlich auch in anderen Zeitaltern Materialisten gegeben, aber nicht so wie in unserem Zeitalter. In anderen Zeitaltern war einer Materialist: er war eingepflanzt mit seinem Ich, mit seinem astralischen Leib in seinen physischen und Ätherleib, er fühlte seinen physischen Leib (siehe Zeichnung nächste Seite, rechts, hell). Aber dasjenige, was Michael verwaltete als kosmische Intelligenz, riss die Seele wiederum los (gelb). Heute leben wir neben Menschen, sind oftmals

karmisch mit ihnen verbunden, in denen die Sache so ist: Sie haben den physischen Leib; aber weil die kosmische Intelligenz dem Michael entfallen ist und sozusagen in den Menschen individuell, persönlich lebt, bleibt das Ich, das ganze Geistig-Seelische, im physischen Leibe darinnen (siehe Zeichnung links). Sie stehen neben uns, indem tief untergetaucht ist in ihren physischen Leib ihr Geistig-Seelisches. So müssen wir es aber der Wahrheit gemäß anschauen, wenn wir neben nichtspirituellen Menschen stehen. Und es darf nicht bloß dieses Stehen neben nichtspirituellen Menschen Sympathie und Antipathie im gewöhnlichen Sinne hervorrufen, sondern es muss etwas Erschütterndes haben. Und es kann etwas Erschütterndes haben, meine lieben Freunde! Und wenn man das Erschütternde des in diesem Sinne neben richtigen Materialisten Stehens haben will, dann muss man auf diejenigen Materialisten hinsehen, die oftmals hochbegabt sind, die auch aus gewissen Instinkten heraus ganz gute Triebe haben mögen, die aber nicht zur Spiritualität kommen können.

Das Erschütternde nimmt man dann wahr, wenn man gerade die großen Begabungen, die edlen menschlichen Eigenschaften unter den Materialisten ins Auge fasst. Denn davon kann doch keine Rede sein, dass derjenige, der heute in der Zeit der großen Entscheidungen sich nicht an den Spiritualismus heranfindet, dadurch nicht Schaden an seinem Seelenleben nimmt in die nächsten Inkarnationen hinein. Das nimmt er doch. Und wir sollten eigentlich – neben dieser Erscheinung, dass heute durch ihr Karma eine Anzahl von Menschen einen inneren Drang zur Spiritualität haben, andere nicht herankönnen an diese Spiritualität –, wir sollten an der Anschauung dieses Gegensatzes, an dem karmischen Zusammenleben mit solchen Menschen, wie ich sie charakterisiert habe, etwas tief Erschütterndes, etwas tief unsere Seele Berührendes finden. Dann erst kommen wir mit unserem eigenen Karma zurecht und sonst nicht. Denn wenn wir alles das zusammennehmen, was ich gerade über den, wenn ich es jetzt so nennen darf, Michaelismus gesagt habe, dann werden wir finden: Die «Michaeliten» sind ja durchaus ergriffen in ihrer Seele von einer Kraft, die bis in den ganzen Menschen, auch ins Physische hinein, vom Geistigen aus wirken will.

Ich habe es gestern so charakterisiert, dass ich sagte: Diese Menschen, sie streifen ab das Rassische, dasjenige, das aus dem natürlichen Dasein heraus dem Menschen ein Gepräge gibt, sodass er der oder jener Mensch ist. Und indem der Mensch in dieser Erdeninkarnation, in der er jetzt hier Anthroposoph wird, vom Spirituellen ergriffen wird, wird er vorbereitet dazu, eben nicht mehr nach solchen äußeren Merkmalen, sondern so, wie er in seiner jetzigen Inkarnation war, zu sein. Es wird einmal der Geist an diesen Menschen zeigen – seien wir uns dessen in aller Bescheidenheit bewusst –, wie er physiognomiebildend sein kann, menschengestaltend sein kann.

Das ist bisher noch niemals in der Weltgeschichte gezeigt worden. Bisher haben die Menschen aus ihren Volksuntergründen, aus dem Physischen heraus ihre Physiognomien gebildet. Wir können heute noch an den Physiognomien der Menschen, besonders wenn sie jung sind, wenn sie noch nicht durchfurcht sind von den Sorgen des Lebens oder von den Freuden und Erhebungen, den göttlichen Seiten des Lebens, angeben, woher sie stammen. Man wird einmal Menschen haben, an deren Physiognomie man nur wird angeben können, wie sie in der vorigen Inkarnation gewesen sind, indem sie da zur Spiritualität vorgedrungen sind. Dann werden die anderen neben ihnen stehen – und was wird dann das Karma noch bedeuten? Dann wird das Karma die gewöhnlichen karmischen Affinitäten abgestreift haben.

In dieser Beziehung wird Ihnen gerade derjenige, der das Leben ernst zu nehmen versteht, sagen können: Karmisch verbunden war man mit vielen oder ist es noch, die nicht in die Spiritualität hereinkommen können. Und neben vielleicht mancher Lebensverwandtschaft fühlt man doch eine tiefe Befremdetheit, in ganz berechtigter Weise eine tiefe Befremdetheit: Es fällt der karmische Zusammenhang, der sich sonst im Leben abspielt, ab, er geht weg. Und es bleibt, möchte ich sagen, zwischen jemandem, der da draußen im Felde des Materialismus steht, und einem Menschen, der im Felde der Spiritualität steht, nichts anderes mehr karmisch übrig – aber das bleibt übrig –, als dass er ihn anschauen muss, dass er besonders aufmerksam wird auf ihn. Und auf eine Zeit in der Zukunft können wir hinschauen, wo diejenigen, die immer mehr und mehr im Laufe des 20. Jahrhunderts in die Spiritualität hineinkommen, neben anderen stehen, die mit ihnen im früheren Erdenleben karmisch verbunden gelebt haben. Karmische Affinitäten, karmische Verwandtschaften machen sich in dieser Zukunft wenig mehr geltend; aber dasjenige, was aus den karmischen Verwandtschaften geblieben ist, das ist, dass sie, die im Felde des Materialismus Stehenden, hinsehen müssen auf die im Felde der Spiritualität Stehenden. Die heutigen Materialisten werden auf die heutigen Spiritualisten in der Zukunft hinschauen müssen. Das wird vom Karma geblieben sein.

Wiederum eine erschütternde Tatsache, meine lieben Freunde! Und wozu das? Oh, das ruht in einem weisen göttlichen Weltenplane. Wodurch lassen sich Materialisten heute etwas beweisen? Dadurch, dass sie es vor Augen haben, dadurch, dass sie es mit Händen greifen können. Die im Felde des Materialismus Stehenden werden mit Augen sehen, werden mit Händen greifen können an denjenigen, mit denen sie früher karmisch verbunden waren, an der Physiognomie, an dem ganzen Ausdrucke, was der Geist ist; denn er wurde jetzt physiognomisch schaffend. So wird für Augen bewiesen, am Menschen bewiesen werden, wie der Geist schaffend in der Welt ist. Und es wird zum Karma der Anthroposophen gehören, dass sie denen, die heute im Felde des Materialismus stehen, demonstrieren werden, dass es Geist gibt und dass der Geist am Menschen selber durch die Ratschlüsse der Götter sich demonstriert.

Gerade aber, um dahin zu kommen, ist es notwendig, dass wir nicht in unklarem, nebulosem Treiben dem Intellektualismus gegenüberstehen, dass wir nicht ohne Regenschirm ausgehen. Ich meine jetzt: Wir sind dem, was ich als die zwei Strömungen, die Redereien und die Schreibereien, bezeichnet habe, ja ausgesetzt. Ich sagte: Wie man nass wird, wenn man ohne Regenschirm ausgeht beim Regen, so kommt eben auch das über den Menschen – wir können ja nicht anders. Im «zartesten Kindesalter», wenn wir zwanzig bis vierundzwanzig Jahre alt sind, da müssen wir in materialistischen Werken dasjenige studieren [??] – – was wir schon einmal studieren müssen. Ja, in diesem zarten Kindesalter von zwanzig bis vierundzwanzig Jahren, da ist es ja nun wirklich so, dass wir, wenn wir die Dinge studieren, noch durchaus innerlich für den Materialismus präpariert werden, aus der Satzfügung, aus der plastischen Gestaltung der Sätze heraus. Wir können uns dagegen wehren, es macht nichts aus, wir werden dennoch präpariert dadurch.

Da ist es eben notwendig, nicht bloß mit Formalien zu kommen. Man kann heute einen Menschen nicht davor retten, dem intellektualistischen Materialismus ausgesetzt zu sein. Denn würde man heute über Botanik oder über Anatomie nicht materialistische Bücher schreiben: es würde nicht gehen, der Lebenszusammenhang gestattet es nicht. Aber es handelt sich darum, dass man diese Dinge nicht im Formalen bloß ergreift, sondern dass man sie in der Realität ergreift. Da muss man verstehen, dass, weil Michael nicht wie früher das Seelisch-Geistige aus dem Physisch-Leiblichen herauszieht, Ahriman sein Spiel hat mit dem in der Leiblichkeit befindlichen Seelisch-Geistigen. Und gerade dann, wenn dieses Seelisch-Geistige begabt ist, aber doch in der Leiblichkeit drunten steckt, dann wird es Ahriman ganz besonders nahen, dann kann es Ahriman ganz besonders ausgesetzt sein. Und gerade an den begabtesten Menschen findet Ahriman seine Beute, um die Intelligenz dem Michael zu entreißen, sie wegzubringen von Michael. Da tritt eben nun das ein, was in unserer Zeit eine viel größere Rolle spielt, als man gewöhnlich glaubt. Inkarnieren können sich die ahrimanischen Geister nicht, aber inkorporieren, zeitweilig menschliche Seelen durchdringen, menschliche Körper durchsetzen. Dann ist der brillante, der glänzende, der überragende Geist einer ahrimanischen Intelligenz stärker als das, was im einzelnen Menschen ist, viel, viel stärker. Dann mag der einzelne Mensch noch so intelligent sein, dann mag der einzelne Mensch noch soviel gelernt haben: Wenn ganz und gar ergriffen ist der physische Körper von diesem Gelernthaben, kann ein ahrimanischer Geist sich für Zeiten in ihm inkorporieren. Dann ist es Ahriman, der ihm aus den Augen schaut, es ist Ahriman, der ihm die Finger bewegt, dann ist es Ahriman, der sich schneuzt, dann ist es Ahriman, der geht.

Anthroposophen dürfen nicht zurückschrecken vor solchen Erkenntnissen. Denn das allein kann den Intellektualismus in seiner Realität vor die Seele bringen. Ahriman ist eine große, eine überragende Intelligenz, und Ahriman möchte mit der Erdenentwickelung ein Durchdringendes erreichen. Er benützt jede Gelegenheit, wo irgendwie sich die Geistigkeit so in das Leibliche eines Menschen hineinversetzt, dass das Leibliche stark erfasst wird, dass das Bewusstsein in einer gewissen Weise hinuntergedämmert wird durch dieses starke Erfassen des Leibes vom Geiste. Und da tritt es ein – es ist in unserer Zeit eben möglich geworden –, dass ein glänzender Geist in einem Menschen sitzt, aber die menschliche Persönlichkeit überragt. Dann kann ein solcher Geist, der in einer menschlichen Persönlichkeit ist und diese menschliche Persönlichkeit überragt, auf Erden wirken, wirken, wie Menschen wirken.

Darnach strebt Ahriman zunächst, stark strebt er darnach. Ich habe Ihnen gesagt von dem Wiedererscheinen derer auf Erden, die jetzt an die Spiritualität herankommen, die es ganz ehrlich und intensiv meinen; das wird am Ende des Jahrhunderts sein. Aber gerade diese Zeit möchten die Ahrimangeister am stärksten benützen, weil die Menschen von dem Intelligenten, das sie befallen hat, so befangen sind, weil die Menschen so unglaublich gescheit sind. Man hat ja schon Angst heute, einen gescheiten Menschen zu finden! Aber man muss diese Angst fortwährend haben, denn fast alle sind gescheit, sodass man aus der Angst über die Gescheitheit der Menschen gar nicht herauskommt. Und es ist so, dass diese Gescheitheit, die herangezüchtet wird, benützt wird von

Ahriman. Wenn nun die Körper auch noch besonders dazu geeignet sind, dass das Bewusstsein heruntergetrübt werden kann, dann geschieht es eben, dass Ahriman selber in Menschengestalt inkorporiert auftritt. Nachweislich ist Ahriman bereits zweimal als Schriftsteller aufgetreten in dieser Weise. Für denjenigen, der das Leben als Anthroposoph klar und scharf ins Auge fassen will, wird es sich eben durchaus darum handeln, auch in diesem Falle keine Verwechslungen zu begehen.

Denn was nützt es schon, meine lieben Freunde, wenn einer irgendwo ein Buch erscheinen lässt und seinen Namen darauf schreibt und er gar nicht der Verfasser ist? Man verwechselt dann den wahren Verfasser mit einem anderen. Wenn Ahriman der Verfasser irgendeines Buches ist, wie sollte es denn zum Heile ausschlagen, wenn man nicht darauf kommt, wer der wirkliche Verfasser ist, wenn man einen Menschen für den Verfasser hält, während es Ahriman ist, der sich durch seine glänzende Gabe so hineinfindet in alles, dass er sich verwandeln kann in den Stil eines Menschen! Wie kann es zum Heile ausschlagen, wenn Ahriman der Schriftsteller ist und man das mit menschlichem Werke verwechselt? Auf diesem Gebiete sich Unterscheidungsvermögen aneignen, das ist dasjenige, was so restlos notwendig ist, meine lieben Freunde.

Dazu wollte ich zunächst führen, um im Allgemeinen auf eine Erscheinung, die in unserem Zeitalter spielt, hinzuweisen. Im Vortrage am nächsten Freitag werde ich dann noch genauer auf solche Erscheinungen eingehen.

Anmerkungen

1 Zitiert nach dem Band in der Rudolf Steiner Gesamtausgabe: *Zur Geschichte und aus den Inhalten der erkenntniskultischen Abteilung der Esoterischen Schule 1904 – 1914*, GA Bibl.-Nr. 265, Dornach 1987.

2 Engel – hier die dritte Hierarchie: Angeloi, Archangeloi, Archai. Die zweite Hierarchie: Exusiai, Dynamis, Kyriotetes. Die erste Hierarchie: Throne, Cherubim, Seraphim.

3 Rudolf Steiner hat insbesondere in den letzten Jahren seines Wirkens für die anthroposophisch orientierte Geisteswissenschaft immer wieder dargestellt, wie diese von dem zum Zeitgeist aufgestiegenen Erzengel Michael inspiriert wird. Siehe die Vorträge aus dem Jahr 1919 und 1923 in den Bänden *Die Sendung Michaels*, Gesamtausgabe Bibl.-Nr. 194 und *Der Jahreslauf als Atmungsvorgang der Erde und die vier großen Festeszeiten*, GA Bibl.-Nr. 223, sowie insbesondere seine schriftlichen Darstellungen in dem Band *Anthroposophische Leitsätze. Der Erkenntnisweg der Anthroposophie – Das Michael-Mysterium*, GA Bibl.-Nr. 26. Weitere Ausführungen zum Werden der im Vortrag vom 4. August 1924 angesprochenen «Michael-Gemeinschaft» enthält der Band aus dem dieser Vortrag entnommen ist: *Esoterische Betrachtungen karmischer Zusammenhänge*, Dritter Band, GA Bibl.-Nr. 237.

Rudolf Steiner Impulse

Werde ein Mensch mit Initiative

12 Wege zum Schöpferischen im Menschen

Grundlagen

1. Werde ein Mensch mit Initiative
2. Idee und Wirklichkeit
3. Der positive und der negative Mensch
4. Anthroposophie als persönlicher Lebensweg

Ressourcen

5. Die Kunst des Wartens
6. Okkulte Wissenschaft und Einweihung
7. Freiheit und Liebe
8. Wirken mit den Engeln

Perspektiven

9. Zwei Wege zu Christus
10. Spirituelle Erkenntnis als wirkliche Kommunion
11. Erwachen am anderen Menschen
12. Die große Karma-Übung

Rudolf Steiner
Der positive und der
negative Mensch
Impulse 3
Werde ein Mensch mit Initiative: *Grundlagen.*
Herausgegeben von Jean-Claude Lin
mit einer Einleitung von Wolfgang Held.

Wir schätzen den «positiven», in der Welt wirkenden Menschen. Doch gäbe es ohne die «negativen», empfangenden Eigenschaften keine Entwicklung. Wichtig ist, zu lernen, wann, wie und wo wir als «positive» oder «negative» Menschen wirken sollen.

Verlag Freies Geistesleben

Rudolf Steiner
Anthropsophie als
persönlicher Lebensweg
Impulse 4
Werde ein Mensch mit Initiative: *Grundlagen.*
Herausgegeben von Jean-Claude Lin
mit einer Einleitung von Lydia Fechner.

Eine wirkliche Erkenntnis des Geistigen im Menschen wie auch im Weltenall kann nicht anders entwickelt werden als durch das uns nahegehende Persönliche. Deshalb führt eine solche Erkenntnis, auch zur Bildung des Künstlerischen und Moralischen.

Verlag Freies Geistesleben

Rudolf Steiner

Die Kunst des Wartens

Impulse 5

Werde ein Mensch mit Initiative: *Ressourcen.*

Herausgegeben von Jean-Claude Lin

mit einer Einleitung von Ruth Ewertowski.

Zum wirklichkeitsgemäßen Umgang mit Ideen und Initiativen gehört, den richtigen Zeitpunkt ihrer Verwirklichung abwarten zu können. In innerer, geistiger Betätigung können unsere Ideen und Initiativen sogar «von den Göttern getauft» werden.

Verlag Freies Geistesleben

Rudolf Steiner
Okkulte Wissenschaft
und Einweihung
Impulse 6
Werde ein Mensch mit Initiative: *Ressourcen.*
Herausgegeben von Jean-Claude Lin
mit einer Einleitung von Andreas Neider.

Es gibt eine dreifache Möglichkeit, das Leben der Seele durch Meditation so zu intensivieren und zu steigern, dass der Mensch Einblick gewinnt in die Tatsache der wiederholten Erdenleben und der geistigen Entwicklung der Welt.

Verlag Freies Geistesleben

Rudolf Steiner

Wirken mit den Engeln

Impulse 8

Werde ein Mensch mit Initiative: *Ressourcen.*

Herausgegeben von Jean-Claude Lin

mit einer Einleitung von Olaf Koob.

Es gibt eine verborgene Seite des Schlafes, ohne die wir uns nicht zu Menschen hätten entwickeln können: das Wirken der Engel in ihren verschiedenen Hierarchien. Mit den Engeln müssen wir aber immer bewusster wirken, wenn wir uns weiter als Menschen entwickeln wollen.

Verlag Freies Geistesleben

Rudolf Steiner
Spirituelle Erkenntnis
als wirkliche Kommunion
Impulse 10
Werde ein Mensch mit Initiative: *Perspektiven.*
Herausgegeben von Jean-Claude Lin
mit einer Einleitung von Jörg Ewertowski.

Die Welt zeigt sich dem erkennenden Menschen zunächst als gewordene, ja absterbende. Erst einer spirituellen Erkenntnis eröffnet sich die Perspektive einer werdenden Weltwirklichkeit.

Verlag Freies Geistesleben